Ecole Josep
1000 ch. du Lac, Longueuil,
J4J 17.3   (450) 468-1277

D1153410

Collection Rayons-X
MACHINES
RAPIDES

STEVE PARKER

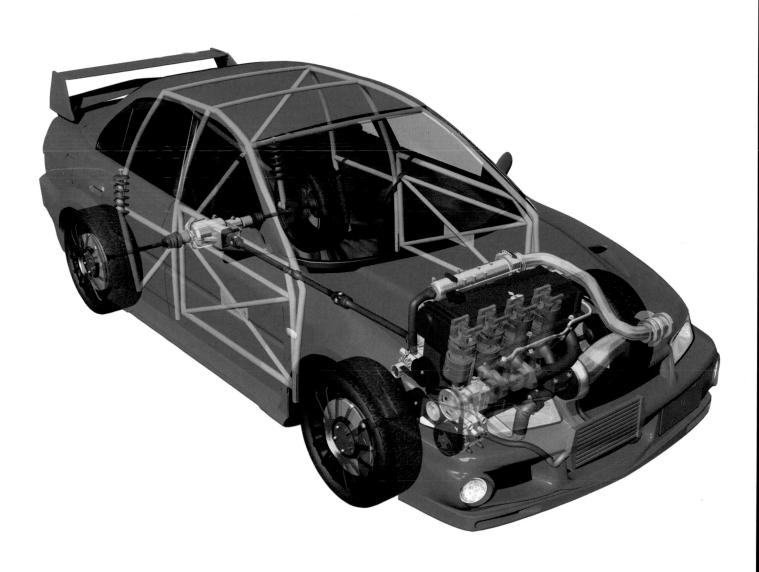

Catalogage avant publication de Bibliothèque et Archives nationales du Québec et Bibliothèque et Archives Canada

Parker, Steve

Machines rapides

(Rayons-X)
Traduction de: The inside & out guide to speed machines.
Comprend un index.
Pour les jeunes de 7 à 14 ans.
ISBN 978-2-89000-881-6

1. Voitures de course - Ouvrages pour la jeunesse. 2. Avions supersoniques - Ouvrages pour la jeunesse. 3. Trains à grande vitesse - Ouvrages pour la jeunesse. 4. Bateaux à moteur - Ouvrages pour la jeunesse. I. Titre.

TL236.P3714 2007   j629.228   C2007-940981-4

Pour l'aide à la réalisation de son programme éditorial, l'éditeur remercie:
Le Gouvernement du Canada par l'entremise du Programme d'Aide au Développement de l'industrie de l'Édition (PADIÉ); La Société de Développement des Entreprises Culturelles (SODEC); L'Association pour l'Exportation du Livre Canadien (AELC). Le Gouvernement du Québec - Programme de crédit d'impôt pour l'édition de livres - Gestion SODEC.

Pour l'édition en langue anglaise:
Copyright © David West Children's Books 2007

Création: Gary Jeffrey
Illustrations: Alex Pang et Moorhen Studios
Direction: Dominique Crowley
Consultant: William Moore
Recherche d'images: Victoria Cook

Pour l'édition en langue française:
Traduction: Dominique Chichera
Révision: Marcel Broquet
Infographie: Chantal Greer, Sandra Martel

Copyright © Broquet inc., Ottawa 2007
Dépôt légal — Bibliothèque nationale du Québec
2ᵉ trimestre 2007

ISBN 978-2-89000-881-6

Imprimé en Malaisie

Tous droits de traduction totale ou partielle réservés pour tous les pays. La reproduction d'un extrait quelconque de ce livre, par quelque procédé que ce soit, tant électronique que mécanique, en particulier par photocopie, est interdite sans l'autorisation écrite de l'éditeur.

MENTIONS DE SOURCE:
Abréviations: h-haut, m-milieu, b-bas, d-droite, g-gauche, c-centre

6t, Nigel Kinrade Photography pour autostockimages.com, 6b, Peter Still pour stillphotography.co.uk; 7, Nigel Kinrade Photography pour autostockimages.com; 8, McLaren; 9, Bugatti; 10, Eric Vargiolu; 11, Photo © Frédéric Watbled/www.photographe-professionnel.fr; 12, Richard T Bryant; 13, wikipedia.org; 14t, wikipedia.org; 14b, Bob Plumer pour 70sfunnycars.com; 15, Auto Imagery Inc; 16, wikipedia.org; 18t, Simon Bradley pour motorbikestoday.com, 18b, nexusracing.co.uk; 19, wikipedia.org; 20t, Fred Stevens pour warbird.com, 20b, Mike Massee/Xcor Aerospace; 21, Royal Airforce Museum; 22, NASA; 23t, Steve Dean pour Flight of the Phoneix Aviation Museum, 23b, NASA; 24, NASA; 25t,m,b, NASA; 26, Ken Warby; 27t, British Pathe/ITN; 28, wikipedia.org; 29t,b, wikipedia.org

Une explication des termes difficiles se trouve dans le glossaire des pages 30 et 31.

MACHINES
RAPIDES

Steve Parker

Traduction : Dominique Chichera

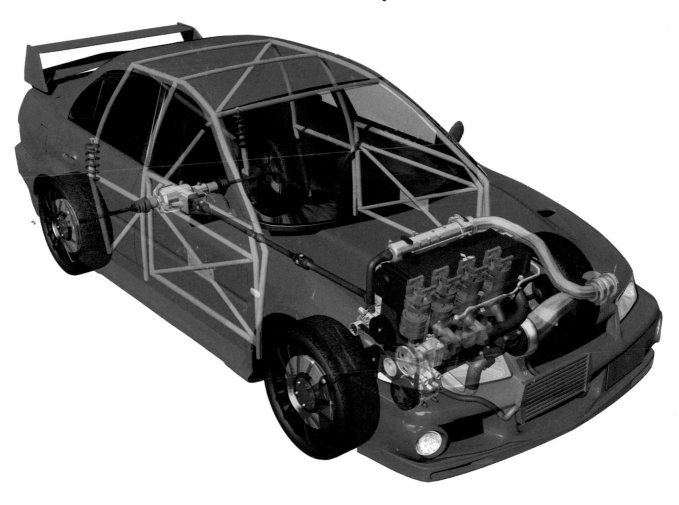

97-B, Montée des Bouleaux, Saint-Constant, Qc, J5A 1A9
Tél. : 450-638-3338, Téléc. : 450-638-4338
Internet : www.broquet.qc.ca
Courrier électronique : info@broquet.qc.ca

Table des matières

5 INTRODUCTION

6 LE STOCK CAR

8 LA VOITURE HYPER-SPORTIVE

10 LA VOITURE DE RALLYE

12 LA VOITURE DE COURSE PAR EXCELLENCE

14 LE DRAGSTER

16 LE BRISEUR DE RECORD

18 LA MOTO DE COURSE

20 L'AVION DE COURSE

22 LE BLACKBIRD

24 L'AVION-FUSÉE

26 LA VEDETTE AUTOMOBILE

28 LE TRAIN À GRANDE VITESSE

30 GLOSSAIRE

32 INDEX

INTRODUCTION

LA VITESSE PROCURE DES SENSATIONS FORTES – LE RUGISSEMENT DU MOTEUR, la puissance de l'accélération, le vent sur le visage et le paysage qui défile comme un éclair. Sur route ou sur piste, sur mer ou dans les airs, rien ne surpasse l'excitation ressentie à bord d'un bolide. Ce livre vous entraîne au cœur de ces véhicules extraordinaires et vous fait découvrir la fine pointe de la technologie qui se cache derrière leurs châssis super-profilés. Il fait également prendre conscience que la sécurité doit toujours être la priorité, car si la vitesse est excitante, elle peut aussi tuer.

LE STOCK CAR

RIEN N'EST PLUS EXCITANT qu'une course de stock-car. À l'origine, les participants se servaient de modèles de série, ce qui signifie que les véhicules sortaient directement des chaînes de production. Les règlements d'aujourd'hui permettent d'apporter certaines modifications aux véhicules. Ainsi, il est permis de suralimenter les moteurs et bien sûr de renforcer les éléments de sécurité, par l'ajout d'une cage de sécurité ou la pose d'un siège spécialement adapté à la morphologie du pilote, par exemple.

Aux États-Unis, NASCAR (*National Association for Stock Car Auto Racing*) est la plus importante association sportive dans ce domaine. Elle organise 2 000 évènements par an dans 12 catégories différentes et sur plus de 100 circuits de pistes ovales. Un des grands avantages de ces pistes, par rapport à celles des compétitions de Formule 1 ou des rallyes automobiles, est qu'elles permettent aux spectateurs de voir la course en son entier. Les tamponnages et les accrochages sont courants. Les accidents majeurs à plus de 250 km/h sont rares, mais désastreux.

Les déflecteurs de toits

L'aileron arrière amovible

Les pneus lisses

LA CAGE DE SÉCURITÉ

La charpente intérieure de la cage, constituée de robustes barres de métal, empêche la voiture d'être écrasée si elle est accidentée ou si elle se retourne. Le siège moulé est équipé de supports rembourrés et d'un harnais de sécurité muni de sangles qui se placent autour des épaules et de la poitrine ainsi qu'entre les jambes.

FAITES POUR ÊTRE ACCIDENTÉES

La technologie adaptée aux conditions des courses permet aux voitures de subir des collisions et des chocs de toutes sortes et d'absorber l'énergie dégagée lors d'impacts élevés sans compromettre la sécurité du pilote.

BTCC

Le « British Touring Car Championships » est le championnat majeur, issu du « British Saloon Car Championship », en Angleterre. Environ 12 équipes disputent cette épreuve de 30 tours sur 9 ou 10 circuits différents.

LES DÉFLECTEURS DE TOIT DE LA CHEVROLET NASCAR, INTRODUITS EN 1994, SE SOULÈVENT SI LE VÉHICULE TOURNE SUR LUI-MÊME POUR L'EMPÊCHER DE QUITTER LE SOL ET DE SE RENVERSER.

Le pilote Jeff «Flash» Gordon a commencé à courir à l'âge de cinq ans et a rejoint la série NASCAR en 1992. Il a gagné quatre fois le championnat et a atteint le statut de célébrité, ce qui lui permet de gagner des millions par le biais de la publicité.

Extincteur

Pare-brise en plastique très résistant

Tableau de bord rembourré

LE MOTEUR V8 À PETIT BLOC

Des limites sur le moteur huit **cylindres** signifie que la cylindrée (le volume à l'intérieur des cylindres) doit être de moins de 5,8 litres – ce qui reste toutefois supérieur à la majorité des voitures ordinaires. La vitesse maximale peut avoisiner les 300 km.

LA SUSPENSION

La suspension doit être super puissante et modifiée pour supporter le stress enregistré sur un seul côté, tour après tour, à cause de la forte inclinaison de la piste.

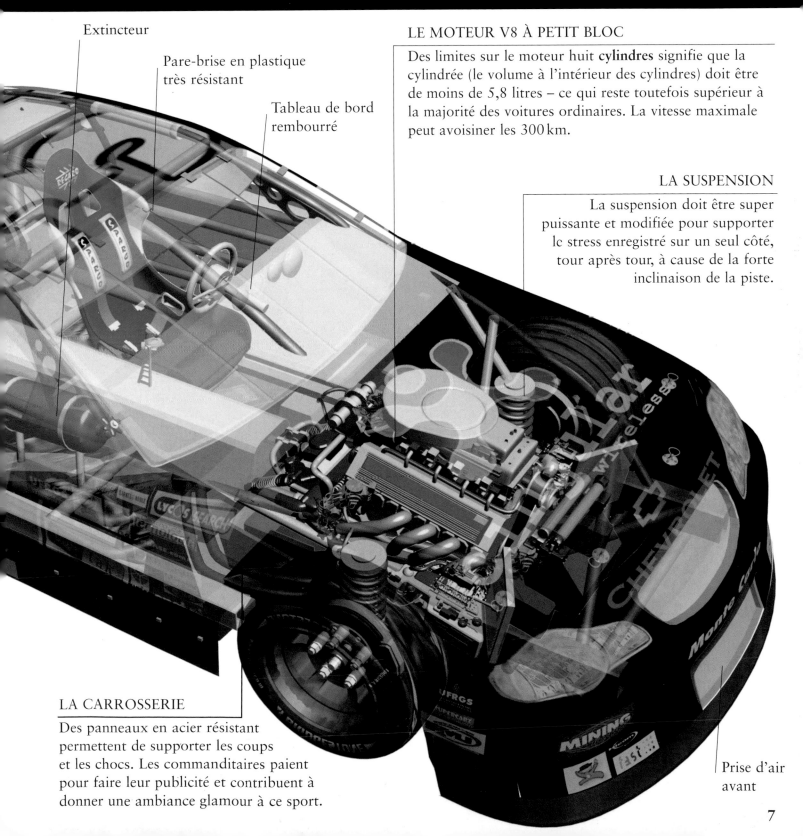

LA CARROSSERIE

Des panneaux en acier résistant permettent de supporter les coups et les chocs. Les commanditaires paient pour faire leur publicité et contribuent à donner une ambiance glamour à ce sport.

Prise d'air avant

LA VOITURE HYPERSPORTIVE

DU COUP D'ŒIL ADMIRATIF au regard brillant d'envie, peu de bolides suscitent autant de sentiments forts que les voitures hyper-sportives. Nul besoin d'entraînement spécial pour les conduire, il suffit d'en acheter une – à condition d'être millionnaire.

Les voitures de sport et les cabriolets ne sont pas vraiment pratiques. Elles nécessitent des routes dégagées et en bon état, un entretien régulier et des mises au point minutieuses, et laissent peu de place pour magasiner. Mais elles témoignent du statut social et de la richesse de leur propriétaire. La Bugatti Veyron est la voiture de tous les superlatifs, avec son moteur 16 cylindres évalué à environ 1 000 **chevaux (cv)** – plus puissante qu'une voiture de Formule 1, et environ six fois plus puissante qu'une voiture ordinaire. Sa vitesse maximale de 407 km en a fait la voiture de série la plus rapide au monde lorsqu'elle a été produite en 2005.

LE MOTEUR W 16

Les deux moteurs V8 (deux rangées de quatre cylindres disposés en forme de V) sont assemblés pour former un moteur W 16. Le groupe propulseur est un moteur de huit litres et ne pèse que 400 kilogrammes. La puissance est augmentée par quatre **turbocompresseurs.**

L'AÉROFREIN

L'aileron arrière s'ajuste et se positionne en fonction des conditions d'utilisation. Il se soulève et joue le rôle d'aérofrein en cas de décélération rapide à grande vitesse.

Différentiel arrière

Système d'échappement en titane

Turbocompresseur

Ettore Bugatti (1881 – 1947) a commencé à dessiner et à fabriquer des voitures de course en 1909. Pendant longtemps, sa compagnie a fabriqué des véhicules d'exception. Son modèle fabriqué à la main, la Bugatti Royale, a été la voiture la plus chère au monde, avec un prix de 11 312 000,00 $.

LES FREINS À DISQUES

Les freins, dont la conception est en partie basée sur les freins d'avion, sont équipés d'énormes disques en céramique et de pistons en titane. La distance de freinage à 100 km est de seulement 31 mètres.

LA TRACTION INTÉGRALE

La boite de vitesse à 7 rapports offre le passage de vitesses le plus rapide du monde. Les différentiels avant et arrière modifient automatiquement le **couple** (la puissance de motricité) de chaque roue pour empêcher les dérapages et les glissades.

LA CARROSSERIE MONOCOQUE EN FIBRE DE CARBONE

La carrosscrie monocoque de la voiture est en fibre de carbone, matériau très léger mais cependant incroyablement solide, résistant et antirouille. En cas d'accident, elle forme une « cellulc de sécurité » autour du pilote et de son passager.

Jantes en alliage

LA VOITURE HYPER-SPORTIVE DES ANNÉES 1990

Dans la McLaren F1, 3 places, le pilote s'asseyait au centre et les deux passagers prenaient place derrière lui. Environ 107 McLaren F1 ont été fabriquées dans les années 1990. C'était, jusqu'en 2005, la voiture de série la plus rapide avec 386 km.

LA VOITURE DE RALLYE

LE RALLYE AUTOMOBILE EST la compétition automobile la plus salissante et la plus éprouvante. Les voitures roulent à vive allure sur des pistes boueuses, bondissent et malmènent les pilotes en passant sur les rochers ou dans des nids de poules, dérapent dans les virages en projetant des pierres, se frayent un passage dans les broussailles et traversent des ruisseaux et des mares en éclaboussant tout sur leur passage.

Les pilotes de rallye peuvent connaître les conditions de toute une année en une seule journée. Ils s'affrontent sur des terrains variés allant des chemins rendus glissants par les feuilles jonchant le sol à des routes asphaltées, en passant par la glace ou la neige. Leurs voitures sont spécialement conçues pour rester fiables dans les conditions les plus sévères, sans sacrifier aux exigences de compétitivité. Le co-pilote assis à la place du passager surveille la route et informe le pilote à l'avance des virages et des courbes auxquels il doit se préparer. Un véhicule ne peut participer au Championnat du Monde des Rallyes que s'il est relativement proche des véhicules de série, ce qui représente plus de 25 000 véhicules pouvant s'inscrire chaque année. Chacune des 16 courses du championnat se déroule dans un pays différent.

Aileron arrière

LA CAGE DE SÉCURITÉ

Le pilote et le co-pilote sont protégés à l'intérieur de la cage de sécurité. Le compartiment est rembourré pour éviter les blessures sur les routes cahoteuses.

LES RALLYES DANS LE DÉSERT

Le rallye Paris-Dakar qui prend le départ à Paris en France pour se terminer à Dakar, la capitale du Sénégal en Afrique de l'Ouest, est terriblement éprouvant. La plus grande partie du parcours se déroule à travers le désert torride du Sahara.

LA SUSPENSION

La suspension très robuste est basée sur le design de la suspension McPherson. La courte « fusée » de roue est située au bout d'un bras télescopique flexible, ce qui la rend robuste et facile à réparer.

LES DIFFÉRENTIELS ET LA TRACTION INTÉGRALE

La traction intégrale transfère la puissance aux quatre roues par le biais de trois différentiels, qui permettent aux roues de tourner à des vitesses différentes dans les virages.

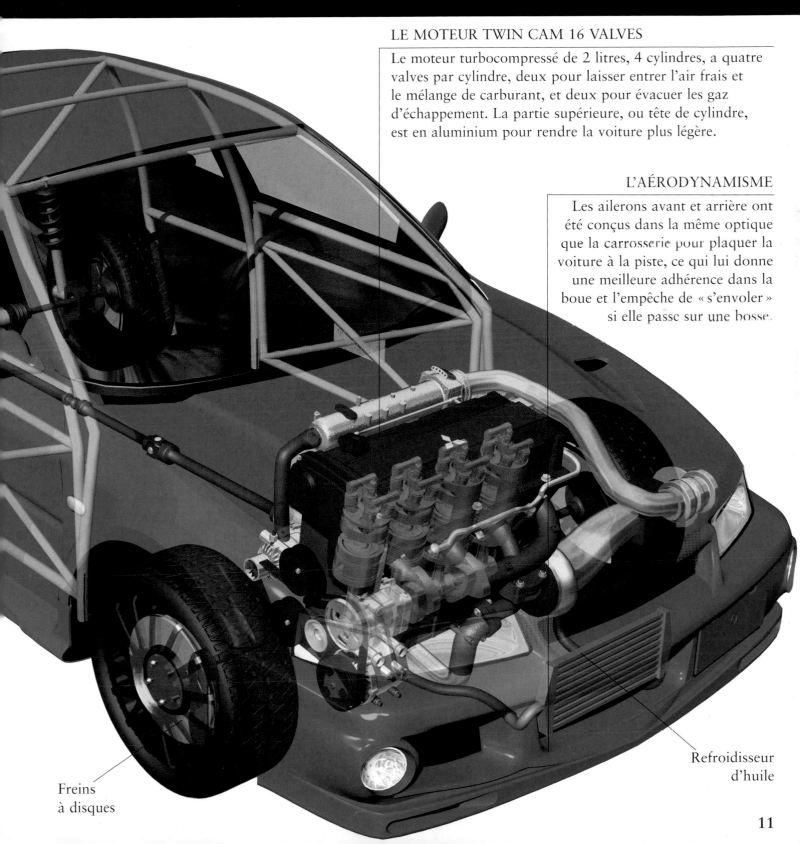

LA MITSUBISHI EVO VIII FQ EVO (ÉVOLUTION) A REMPORTÉ LE CHAMPIONNAT DU MONDE DES RALLYES (WRC) EN 1998 ET A ENREGISTRÉ 26 VICTOIRES EN 2005.

Depuis quelques années, le Français Sébastien Loeb domine le Championnat au volant de sa Citroën Xsara. Après avoir terminé le championnat en deuxième position en 2003, il a remporté le titre en 2004 et en 2005, brisant ainsi tous les records.

LE MOTEUR TWIN CAM 16 VALVES

Le moteur turbocompressé de 2 litres, 4 cylindres, a quatre valves par cylindre, deux pour laisser entrer l'air frais et le mélange de carburant, et deux pour évacuer les gaz d'échappement. La partie supérieure, ou tête de cylindre, est en aluminium pour rendre la voiture plus légère.

L'AÉRODYNAMISME

Les ailerons avant et arrière ont été conçus dans la même optique que la carrosserie pour plaquer la voiture à la piste, ce qui lui donne une meilleure adhérence dans la boue et l'empêche de « s'envoler » si elle passe sur une bosse.

Refroidisseur
d'huile

Freins
à disques

LA VOITURE DE COURSE PAR EXCELLENCE

LA FORMULE 1 REPRÉSENTE L'ULTIME TEST POUR LE PILOTE et pour la voiture. Aucune voiture de course n'enregistre une telle combinaison d'accélération, de vitesse de pointe, de puissance de freinage, de manœuvrabilité et de souplesse pour négocier les virages. Ces bolides et leurs pilotes sont testés sur des circuits aux quatre coins du monde.

Dans le Championnat du Monde de Formule 1 (F1), dix ou douze écuries, ayant chacune deux pilotes, s'affrontent au cours de 18 à 20 courses, appelées Grands Prix, qui se déroulent toutes les deux semaines de mars à septembre, sur presque tous les continents. Une imposante caravane composée des voitures, des pilotes, des pièces détachées, des mécaniciens, des équipes des puits, des directeurs, des équipes de soutien, des commanditaires et des représentants des médias – en tout plus de 10 000 personnes – volent d'un circuit à un autre, prenant d'assaut chaque ville hôte. Plus de 200 000 spectateurs s'entassent sur les immenses circuits, d'une longueur de 300 kilomètres.

LA F1 EN AMÉRIQUE DU NORD

Chaque année, le Canada accueille une course de Formule 1, mais aux États-Unis, les courses « Indy » (Indianapolis) sur circuit ovale sont plus populaires.

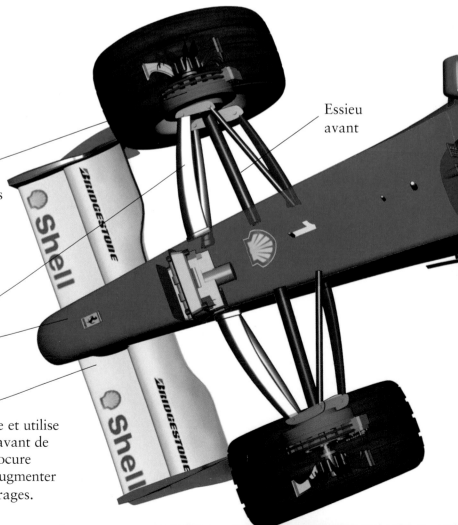

Essieu avant

LES FREINS

À chaque virage, les pilotes appliquent les freins au dernier moment, mettant ainsi une pression énorme sur le système de freins à disques. Les freins ABS ou « système anti-blocage » ont tout d'abord été autorisés, mais ont par la suite été bannis au cours des années 1990 dans le but d'inciter les pilotes à déployer tout leur talent.

Bras de direction

Nez aérodynamique

LE DÉFLECTEUR AÉRODYNAMIQUE AVANT

Le **déflecteur aérodynamique** agit comme une aile et utilise le principe de « pression inversée » pour garder l'avant de la voiture bien plaqué sur la piste. Ce système procure aux pneus une meilleure adhérence et permet d'augmenter la vitesse à laquelle la voiture peut prendre les virages.

FERRARI F1
UNE VOITURE DE COURSE TYPIQUE EST COMPOSÉE DE 15 000 ÉLÉMENTS OU PIÈCES DÉTACHÉES, DONT QUATRE MILLE SE TROUVENT DANS LE MOTEUR.

Ces dernières années, l'Allemand Michael Schumacher, cumulant 84 victoires en 2005, a dominé les Grands Prix de Formule 1. Il détient le plus grand nombre de victoires en Formule 1 de tous les temps.

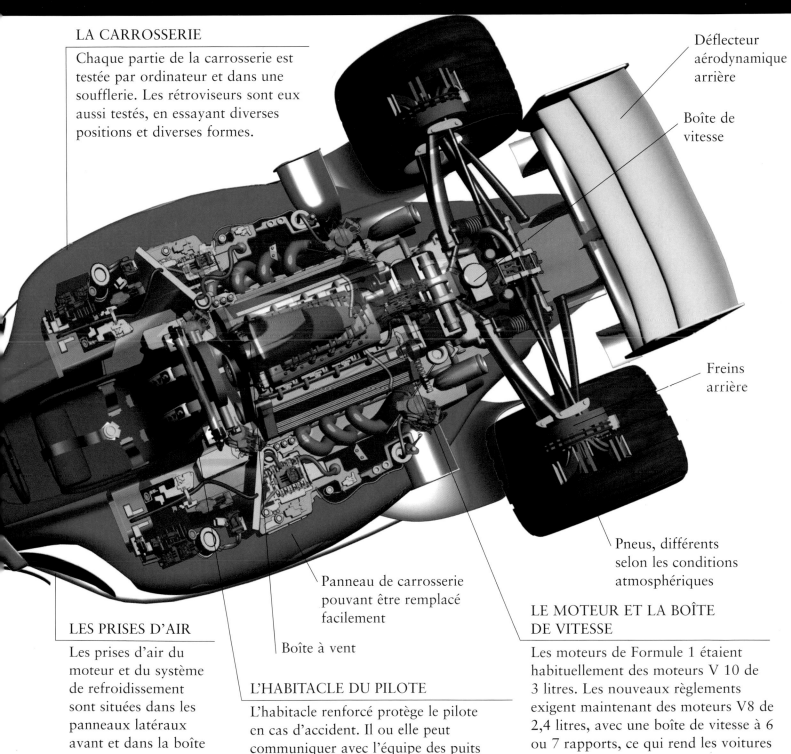

LA CARROSSERIE

Chaque partie de la carrosserie est testée par ordinateur et dans une soufflerie. Les rétroviseurs sont eux aussi testés, en essayant diverses positions et diverses formes.

Déflecteur aérodynamique arrière

Boîte de vitesse

Freins arrière

Panneau de carrosserie pouvant être remplacé facilement

Boîte à vent

Pneus, différents selon les conditions atmosphériques

LES PRISES D'AIR

Les prises d'air du moteur et du système de refroidissement sont situées dans les panneaux latéraux avant et dans la boîte à vent située au-dessus du pilote.

L'HABITACLE DU PILOTE

L'habitacle renforcé protège le pilote en cas d'accident. Il ou elle peut communiquer avec l'équipe des puits pendant la course par une connexion sans-fil.

LE MOTEUR ET LA BOÎTE DE VITESSE

Les moteurs de Formule 1 étaient habituellement des moteurs V 10 de 3 litres. Les nouveaux règlements exigent maintenant des moteurs V8 de 2,4 litres, avec une boîte de vitesse à 6 ou 7 rapports, ce qui rend les voitures moins puissantes – mais réduire la vitesse améliore la sécurité.

LE DRAGSTER

Une compétition automobile très spécialisée, la course de dragsters n'a qu'un seul but : mettre le moins de temps possible pour franchir une distance de 402 mètres en ligne droite.

Une course de dragsters est stressante, bruyante et spectaculaire, mais la véritable action se produit dans un laps de temps très court. Les véhicules les plus rapides peuvent couvrir la distance standard de 402 mètres, départ arrêté, en moins de cinq secondes. Après seulement une demi-seconde d'accélération, la vitesse atteinte est déjà de 100 km. Au moment où il franchit la ligne d'arrivée, le dragster vole presque à une vitesse proche de 530 km. En général, une course comporte deux concurrents. Mais, tous les temps sont enregistrés pour désigner le vainqueur final.

BURNOUT – FAIRE CHAUFFER LA GOMME DES PNEUS

Avant le départ, on asperge les pneus arrière avec de l'eau et on fait tourner les roues arrière à grande vitesse tout en restant à l'arrêt pour améliorer leur adhérence.

L'HABITACLE DU PILOTE

Le siège rembourré et spécialement adapté à la morphologie du pilote doit le protéger contre des forces de plus de 5G – cinq fois la force de gravité standard.

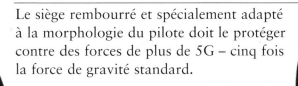

Réservoir de carburant

LES ROUES DE GUIDAGE

Des roues étroites soutiennent l'avant qui est très léger et la direction directe permet au pilote de redresser le véhicule s'il dérape.

FUNNY CARS

Un Funny car est un « dragster déguisé » avec un moteur super puissant à l'avant et d'énormes pneus à l'arrière, mais avec la carrosserie d'un modèle de série ordinaire.

LES DRAGSTERS DE LA CATÉGORIE TOP FUEL CONSOMMENT UN MÉLANGE DE 1/10 ÈME DE MÉTHANE ET 9/10 ÈME DE NITRO-MÉTHANE QUI DÉGAGE PLUS DU DOUBLE D'ÉNERGIE QUE LE PÉTROLE.

Wally Parks (né en 1913) s'est servi d'une jeep de la deuxième guerre mondiale pour faire sa première «voiture dynamisée (hot rod)». Depuis les années 1950, il a fait passer les courses d'accélération et les autres formes de courses de vitesse du statut de courses dangereuses et illégales à celui de sport excitant et respectable.

LE MOTEUR V8 COMPRESSÉ

Chacun des huit cylindres peut avoir plus de puissance que le moteur d'une petite voiture ordinaire. Ce moteur peut développer une puissance nette phénoménale de 800 chevaux.

LE DÉFLECTEUR AÉRODYNAMIQUE

L'«aile» aérodynamique aide à garder l'arrière du véhicule plaqué au sol et à l'empêcher de déraper.

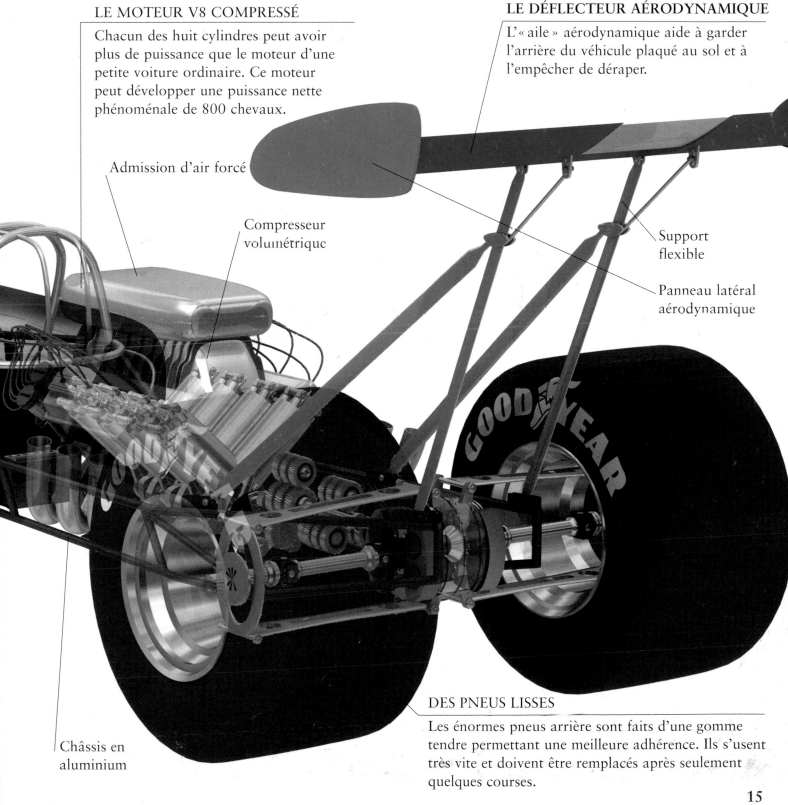

Admission d'air forcé

Compresseur volumétrique

Support flexible

Panneau latéral aérodynamique

Châssis en aluminium

DES PNEUS LISSES

Les énormes pneus arrière sont faits d'une gomme tendre permettant une meilleure adhérence. Ils s'usent très vite et doivent être remplacés après seulement quelques courses.

15

LE BRISEUR DE RECORD

LE VÉHICULE TERRESTRE LE PLUS RAPIDE s'est élancé dans le désert de Black Rock au Névada (États-Unis) le 15 octobre 1997. Conduit par le pilote de chasse, Andy Green, le *Thrust SSC* a été le premier véhicule muni de roues à passer le mur du son, faisant entendre un puissant boum sonique.

Le premier record officiel de vitesse au sol a été établi en France par Gaston de Chasseloup-Laubat, au volant d'une voiture électrique roulant à 63 km. Le nouveau record, établi par Andy Green 99 ans plus tard, était d'une vitesse 20 fois supérieure, à presque 1 230 km. SSC signifie *SuperSonic* Car (véhicule **supersonique**) – plus rapide que le son. Le *Thrust SSC* a été chronométré à Mach 1.02, soit 1.02 fois la vitesse du son. BOUM!

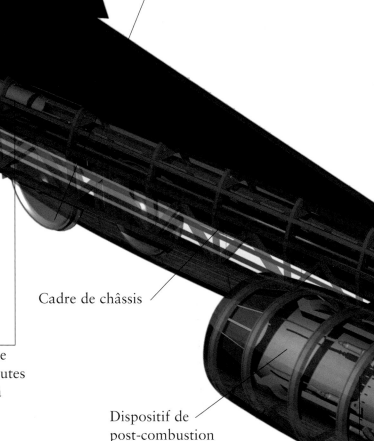

Roue arrière

Cadre de châssis

Dispositif de post-combustion

LE PARACHUTE DE FREINAGE

Un parachute de 2,2 mètres a ralenti le véhicule à une vitesse inférieure à 1 000 km, puis trois autres parachutes ont ramené sa vitesse à 650 km, et ensuite les freins à disque en carbone sont entrés en action.

BLUE FLAME
En 1970, Gary Gabelich a été le premier à dépasser les 1 000 km au volant de son « Blue Flame », avec une vitesse de 1 001,66 km.

DES TURBO-RÉACTEURS PUISSANTS

L'air entrant dans le réacteur est, après compression, mélangé à du carburant et brûlé. Le mélange brûlé est accéléré dans une tuyère et éjecté vers l'arrière à grande vitesse, créant ainsi une poussée qui donne plus de puissance à l'appareil.

LE THRUST SSC MESURAIT PRESQUE 15 MÈTRES DE LONG ET 3,35 MÈTRES DE LARGE. IL PESAIT PRESQUE 10 TONNES ET CONTENAIT UNE TONNE DE CARBURANT.

Le chef d'escadrille de la Royal Air Force, Andy Green (photo de droite) prit le contrôle du Thrust SSC. Le précédent détenteur du record avec le Thrust 2, Richard Noble, était le directeur et le responsable de la collecte de fonds du projet Thrust.

LE BOUM SONIQUE

Des ondes de choc d'air se sont amassées devant le Thrust SSC et se sont compressées pour former un mur du son, causant le gigantesque coup de tonnerre d'un BOUM sonique.

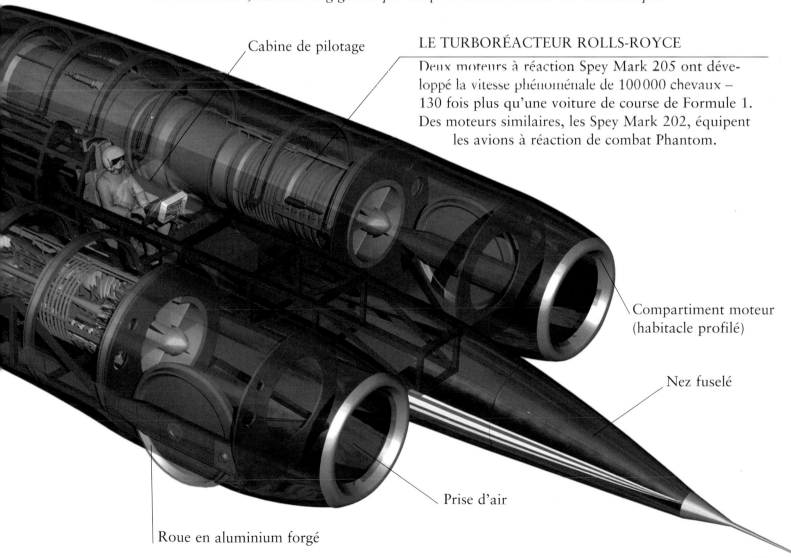

Cabine de pilotage

LE TURBORÉACTEUR ROLLS-ROYCE

Deux moteurs à réaction Spey Mark 205 ont développé la vitesse phénoménale de 100 000 chevaux – 130 fois plus qu'une voiture de course de Formule 1. Des moteurs similaires, les Spey Mark 202, équipent les avions à réaction de combat Phantom.

Compartiment moteur (habitacle profilé)

Nez fuselé

Prise d'air

Roue en aluminium forgé

17

LA MOTO DE COURSE

VITESSE, la moto hyper-sportive entame le virage en se penchant selon un angle incroyable, dérape dans la courbe et, dans un vrombissement de moteur à crever les tympans, s'éloigne au loin dans un nuage de gaz d'échap- pement et de poussière. Trois secondes après, elle a déjà disparue.

Les Championnats du monde de motos comportent différentes catégories en fonction de la puissance du moteur, allant de 80 cc (0,08 litres), en passant par 125 cc et 250 cc jusqu'à 500 cc. Ces impétueuses machi- nes de course exigent d'être pilotées par des pilotes d'exception ayant une parfaite maîtrise de leur machine et sachant prendre des déci- sions qui peuvent entraîner la vie ou la mort à chaque fraction de seconde. La catégorie des motos hyper-sportives comprend les motos aux moteurs puissants de deux, trois ou quatre cylindres et pouvant atteindre 1 000 chevaux. Ce sont des versions modifiées des motos routières et de ce fait, elles sont donc moins rapides que les véritables motos de course – mais elles sont toujours spectaculaires à regarder.

NÉGOCIER LA COURBE

Les pilotes de motos portent des combinaisons appelées « cuir » pour les protéger en cas de chutes ou de dérapages. Elles sont rembourrées aux genoux par d'épais coussinets de protection pour pourvoir frotter contre l'asphalte dans les courbes.

Cadre de châssis en aluminium

Système d'échappement en acier inoxydable

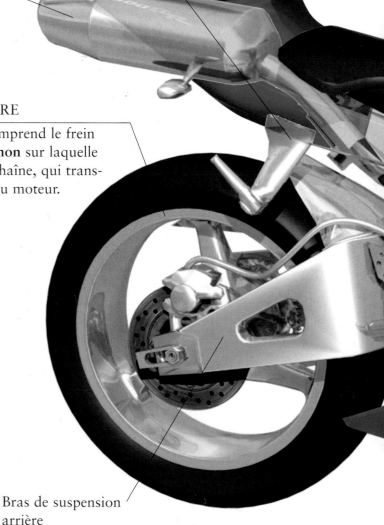

LA ROUE ARRIÈRE

La roue arrière comprend le frein à disque et un **pignon** sur laquelle vient se loger la chaîne, qui trans- met la puissance du moteur.

LES DEUX COÉQUIPIERS

Les deux coéquipiers dans le side-car sont penchés, le copilote s'étire loin vers la gauche ou se penche derrière le pilote.

Bras de suspension arrière

HONDA CBR600RR
*LES DERNIÈRES TECHNO-
LOGIES DES MOTOS DE
GRANDS PRIX ONT ÉTÉ
IMMÉDIATEMENT APPLIQUÉES
À LA CBR600RR VERSION
ROUTIÈRE.*

*Le champion italien, Valentino
Rossi, est le pilote le plus victorieux
de tous les temps. Entre 1997 et
2005, il a été sept fois champion
du monde avec les écuries Aprilia,
Honda et Yamaha.*

UN MOTEUR HAUTE PERFORMANCE

La plupart des moteurs de motos hyper-
sportives produisent de 180 à 200 cv à
13 000-14 000 tours/minute (révolutions
du moteur par minute). La puissance maximale est en général de plus de 300 km et les
vitesses moyennes du tour oscillent entre
170 et 200 km selon le circuit.

DES FREINS À DISQUE

Les énormes disques sont en
alliage composite pour les parties
intérieures et extérieures et sont
munis de fentes pour l'aération et
de trous pour le refroidissement.

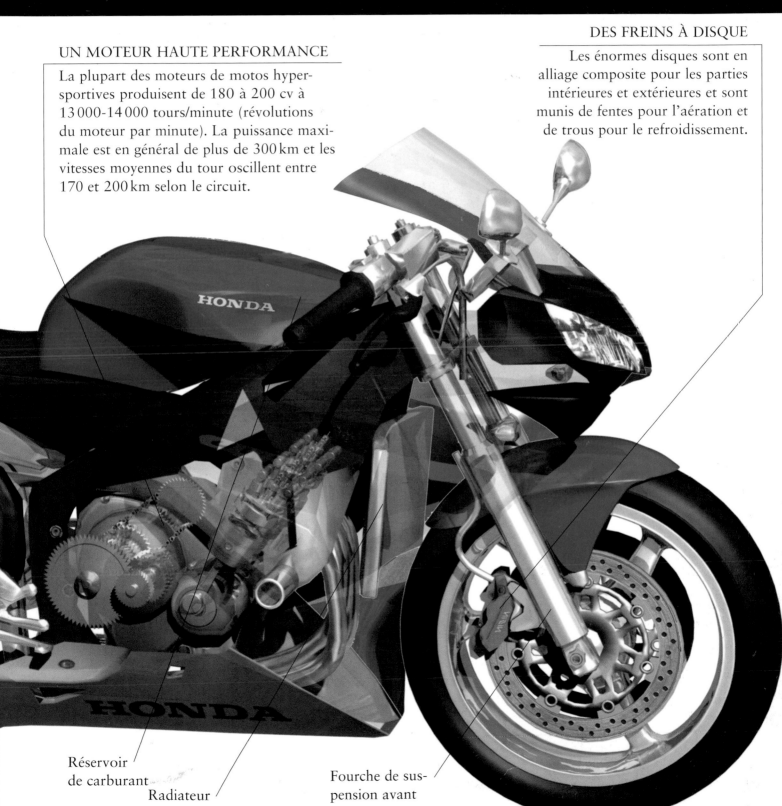

Réservoir
de carburant

Radiateur

Fourche de sus-
pension avant

L'AVION DE COURSE

LES VOITURES PARTICIPENT À DES COURSES. Les camions, les aéroglisseurs, les sous-marins – et les avions aussi. Les avions les plus rapides vrombissent tour après tour et rivalisent de vitesse, de manœuvrabilité et d'intrépidité.

La catégorie des avions de compétition à hélice comprend les bi-plans, les avions prêts à monter, les avions « de série » légèrement modifiés par le manufacturier et les super avions de compétition comme le Gee-Bee (rappelant le nom des quatre frères Granville de Springfield au Massachusetts qui l'ont construit). Les premières compétitions sont apparues après la Première Guerre Mondiale (1914-1918) et les pilotes ont fait frémir les foules par leur vitesse et leurs acrobaties aériennes. Ce n'est pas seulement la puissance brute qui rend les compétitions aériennes très excitantes.

LES AVIONS DE COURSE CLASSIQUES

Les avions de course de la classe T-6 sont basés sur le légendaire appareil d'entraînement des pilotes de chasse pendant la Seconde guerre mondiale, le T-6 Texan portant aussi les noms de SNJ ou Harvard.

Les avions aux moteurs puissants et aux petits châssis sont très compliqués à faire voler et les pilotes se servent des courants d'air et du sillage de leurs adversaires dans leurs stratégies de course.

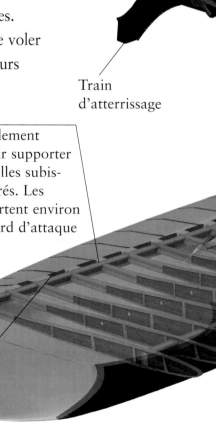

Empennage vertical

Train d'atterrissage

LES AILES

Les ailes ont été spécialement renforcées pour pouvoir supporter les énormes forces qu'elles subissent lors de virages serrés. Les deux longerons comportent environ 20 nervures entre le bord d'attaque et le bord de fuite.

UN AVION-FUSÉE DE COURSE

La Rocket Racing League, *créée en 2005, présente une version modifiée de l'avion-fusée EZ-Rocket. Ces avions-fusées peuvent voler à une vitesse de 350 km, mais pendant quatre minutes seulement !*

Aileron

GEE BEE MODEL Z
LE MODÈLE Z AVAIT 7,2 MÈ-TRES D'ENVERGURE, UNE LONGUEUR DE 4,6 MÈTRES ET PESAIT 1 214 KG TOUT ÉQUIPÉ.

Le Gee Bee R-1 a volé pour la première fois en août 1932. Le pilote, Jimmy Doolittle, a remporté cette année-là le Thomson Trophy avec une vitesse moyenne de 407 km.

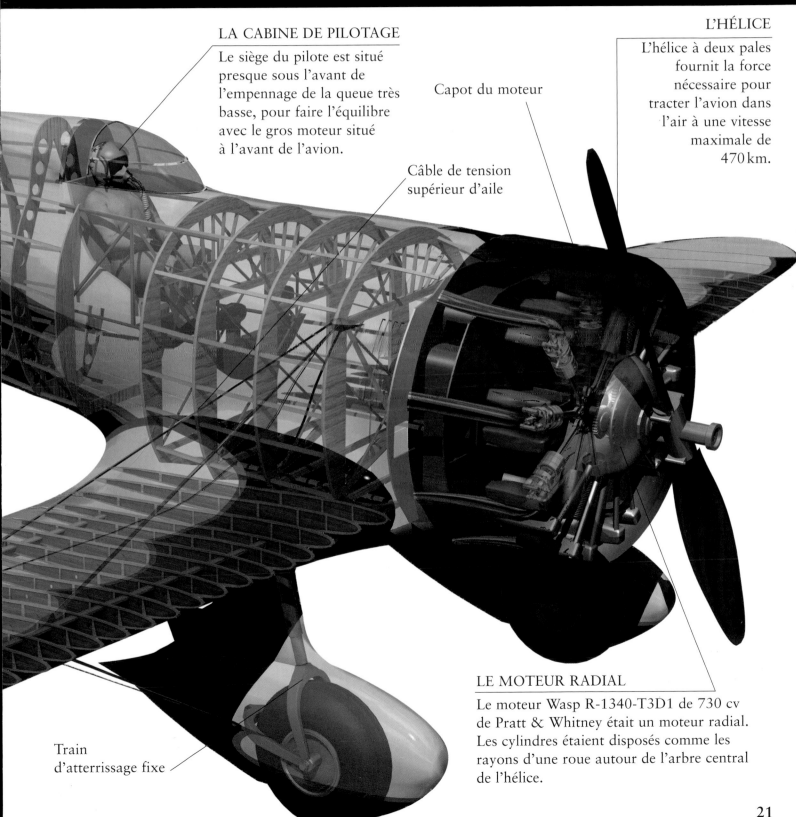

LA CABINE DE PILOTAGE
Le siège du pilote est situé presque sous l'avant de l'empennage de la queue très basse, pour faire l'équilibre avec le gros moteur situé à l'avant de l'avion.

Capot du moteur

Câble de tension supérieur d'aile

L'HÉLICE
L'hélice à deux pales fournit la force nécessaire pour tracter l'avion dans l'air à une vitesse maximale de 470 km.

LE MOTEUR RADIAL
Le moteur Wasp R-1340-T3D1 de 730 cv de Pratt & Whitney était un moteur radial. Les cylindres étaient disposés comme les rayons d'une roue autour de l'arbre central de l'hélice.

Train d'atterrissage fixe

LE BLACKBIRD

BEAUCOUP DE PASSIONNÉS DE VITESSE CONSIDÈRENT LE LÉGENDAIRE Lockheed SR-71 Blackbird comme l'avion le plus puissant de tous les temps. Son record de vitesse dans les airs, pour un avion et non une fusée, est plus de trois fois la vitesse du son.

Le programme Blackbird de l'armée de l'air américaine a débuté en 1964 avec les plans de l'« avion espion » le plus rapide et volant à la plus haute altitude jamais construit. Le premier vol du SR-71 a eu lieu en décembre 1964. Officiellement, c'était un avion de « reconnaissance stratégique ». Il volait à une altitude si haute qu'il était hors de portée des radars et des autres avions et qu'il pouvait ainsi balayer la zone à surveiller en utilisant son propre système de radar puissant et prendre des photographies télescopiques.

UN ATTERRISSAGE LONG
Le SR-71 atterrissait à 290 km et utilisait un parachute d'atterrissage pour ralentir.

LE RÉSERVOIR DE CARBURANT DANS LE FUSELAGE

À faible vitesse, le réservoir de carburant fuyait – ce qui était intentionnel. Comme l'avion prenait de la vitesse, les plaques en métal du réservoir se dilataient sous l'effet de la chaleur due à la **friction** de l'air et comblaient les espaces.

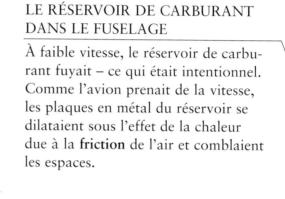

Ordinateur de bord

Combinaison pressurisée

LE POSTE DE PILOTAGE

Le pilote occupait le siège avant. L'opérateur de reconnaissance, assis au siège arrière, contrôlait le radar, la navigation et l'équipement photographique.

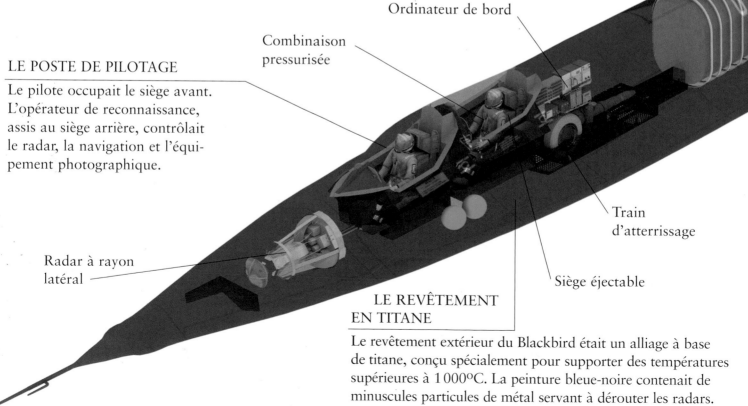

Radar à rayon latéral

Train d'atterrissage

Siège éjectable

LE REVÊTEMENT EN TITANE

Le revêtement extérieur du Blackbird était un alliage à base de titane, conçu spécialement pour supporter des températures supérieures à 1 000°C. La peinture bleue-noire contenait de minuscules particules de métal servant à dérouter les radars.

LOCKHEED YF12 LE
BLACKBIRD A ENREGISTRÉ
SON PREMIER RECORD DE
VITESSE LE 28 JUILLET 1976
EN ATTEIGNANT LA VITESSE
DE 3 529 KM.

Le record d'altitude pour un avion a été établi en 1976 alors que le Blackbird volait à une altitude proche de 26 km – le quart de la distance pour se rendre dans l'espace. Environ 32 Blackbird ont été fabriqués. Un de ses principaux pilotes était Bob «Silver Fox» Stephens.

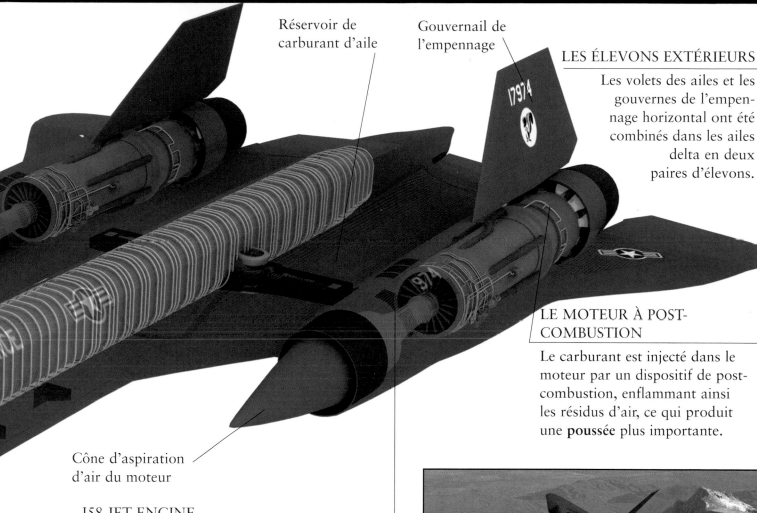

Réservoir de carburant d'aile

Gouvernail de l'empennage

LES ÉLEVONS EXTÉRIEURS

Les volets des ailes et les gouvernes de l'empennage horizontal ont été combinés dans les ailes delta en deux paires d'élevons.

LE MOTEUR À POST-COMBUSTION

Le carburant est injecté dans le moteur par un dispositif de post-combustion, enflammant ainsi les résidus d'air, ce qui produit une **poussée** plus importante.

Cône d'aspiration d'air du moteur

J58 JET ENGINE

Deux moteurs à réaction J 58 de Pratt & Whitney produisaient une poussée de 14 750 kg (160 000 cv). Avec un réservoir de carburant d'une capacité de 45 000 litres, le Blackbird avait un poids maximum de 77 tonnes au décollage et une autonomie de presque 5 000 km, qui pouvait être augmentée par un ravitaillement en vol.

L'ESPIONNAGE AÉRIEN

Les États-Unis utilisaient les Blackbirds pour surveiller les puissances étrangères, et plus spécialement l'U.R.S.S., durant la guerre froide de 1960 à 1970.

L'AVION-FUSÉE

LES AVIONS-FUSÉES EXISTAIENT BIEN AVANT « X-MEN », construits par les États-Unis pour tester les limites de la technologie aérienne. Le X-15, restant plus un avion qu'une vraie fusée même s'il était équipé d'un moteur de fusée, fut celui volant à la plus grande vitesse et à la plus haute altitude.

Mis à part les fusées, le X-15 détient le record de vitesse sur terre – ou plus exactement juste au-dessus. Jusqu'à 40 kilomètres au-dessus du sol, il vole comme un vrai avion et est équipé de deux ailes et d'une queue. Cependant, comme il approchait l'espace (plus de 100 kilomètres au-dessus du sol) des petites fusées propulseuses aidaient à contrôler le vol. Trois X-15 ont été construits et ont effectué 199 missions de recherche de 1959 à 1968.

BELL X-1

*Le **Bell X-1** fut le premier avion-fusée et le premier avion supersonique (plus rapide que le son). En octobre 1947, Charles « Chuck » Yeager a brisé le mur du son à 1 078 km.*

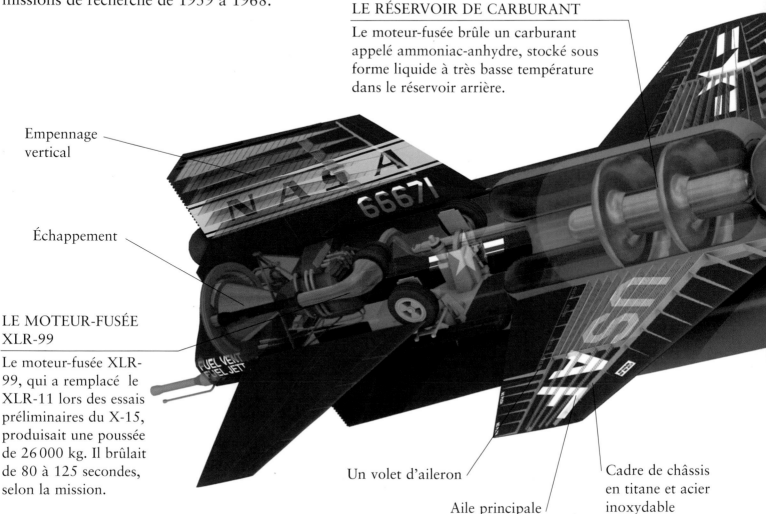

LE RÉSERVOIR DE CARBURANT

Le moteur-fusée brûle un carburant appelé ammoniac-anhydre, stocké sous forme liquide à très basse température dans le réservoir arrière.

Empennage vertical

Échappement

LE MOTEUR-FUSÉE XLR-99

Le moteur-fusée XLR-99, qui a remplacé le XLR-11 lors des essais préliminaires du X-15, produisait une poussée de 26 000 kg. Il brûlait de 80 à 125 secondes, selon la mission.

Un volet d'aileron

Aile principale

Cadre de châssis en titane et acier inoxydable

X-15 NORD-AMÉRICAIN
LES SEULS AVIONS À AVOIR VOLÉ À PLUS HAUTE ALTITUDE QUE LE X-15 SONT LE SPACE SHUTTLE ET LE SPACESHIPONE.

Milt Thompson fut un des 12 seuls pilotes de X-15. Le X-15 ayant volé à la limite de l'espace au cours de plusieurs sorties, six des 12 pilotes se sont vus décernés les « ailes » d'astronautes.

LE RÉSERVOIR À OXYGÈNE

Pour qu'il y ait combustion, il doit y avoir de l'oxygène. Comme l'oxygène se raréfie à très haute altitude, le X-15 transportait son propre oxygène, stocké sous forme liquide à très basse température dans le réservoir avant.

Revêtement extérieur en nickel-chrome

LE LANCEMENT DANS LES AIRS

Pour économiser du carburant, le X-15 était accroché sous l'aile d'un énorme bombardier B52 Stratofortress à 8 moteurs et largué à environ 10 000 mètres d'altitude.

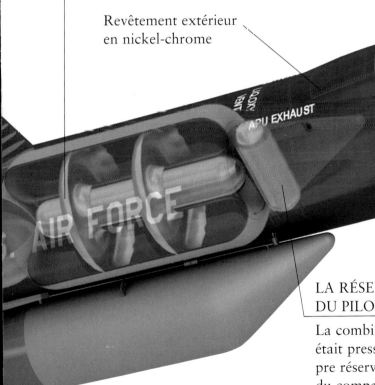

LA RÉSERVE D'AIR DU PILOTE

La combinaison du pilote était pressurisée avec sa propre réserve d'air provenant du compartiment auxiliaire.

LES FUSÉES DE PROPULSION

À haute altitude, il n'y a presque plus d'air contre lequel les gouvernes peuvent pousser. Ainsi, le X-15 fut équipé de huit petites fusées de propulsion pour ajuster sa direction. Quatre d'entre elles étaient situées dans le nez de l'appareil.

L'ATTERRISSAGE SÉCURITAIRE

LE X-15 mesurait 16 mètres de long, avec une envergure de 6,7 mètres. Après allumage de la fusée, il plana à très grande vitesse pendant dix minutes, puis atterrit à 320 km.

LA VEDETTE AUTOMOBILE

SI VOUS AIMEZ LE BRUIT ET si vous aimez vous faire malmener à une vitesse folle, la compétition motonautique est faite pour vous. C'est l'une des épreuves de vitesse la plus exigeante au cours de laquelle les bateaux, filant à une vitesse deux fois supérieure à celle autorisée sur les autoroutes, s'élancent et frappent des vagues de deux mètres de haut.

Mis à part la vitesse, la rudesse et la sécurité sont les deux mots-clés des compétitions motonautiques. Ce qui semble être une légère ondulation de l'eau peut vous éjecter de votre siège si vous la frappez à plus de 250 km. Les pilotes et l'équipage sont solidement attachés dans des sièges rembourrés, adaptés à leur morphologie. Certains bateaux sont des monocoques, tandis que d'autres, appelés catamarans, sont des multicoques comprenant deux coques étroites jointes par une plateforme centrale. L'air emprisonné entre les deux coques soulève le bateau lorsqu'il prend de la vitesse, ce qui lui donne moins de tirant d'eau et lui permet de glisser à la surface.

Un déflecteur d'eau

La coque en aluminium

LE RÉSERVOIR D'ÉQUILIBRAGE AVANT

L'ajustement de ce réservoir maintient l'équilibre du bateau et l'affermit selon la charge de carburant et les conditions.

LE RÉSERVOIRS DE CARBURANT

La coque contient deux énormes réservoirs de carburant. Pendant la course, le moteur, gros consommateur de carburant, peut consommer jusqu'à 180 litres à l'heure. Le carburant est pompé dans deux réservoirs pour s'assurer que le bateau reste équilibré.

LE RECORD IMBATTU

Le record de vitesse sur l'eau a été établi en 1978 par Ken Warby aux commandes de l'hydravion Spirit of Australia, *à une vitesse de 511 km à Blowering Dam Lake, New South Wales (Australie).*

**LA VEDETTE
AUTOMOBILE** (POWERBOAT)
UNE VEDETTE AUTOMOBILE
DE LA CLASSE F1 MESURE
14 MÈTRES DE LONG, 3,5 MÈ-
TRES DE LARGE ET PÈSE
CINQ TONNES.

*Donald Campbell, le fils du détenteur
de record Malcolm Campbell, mourut
tragiquement en 1967, alors qu'il essayait
de battre le record de vitesse sur l'eau,
aux commandes du* Bluebird K7,
à Coniston Water en Angleterre.

LES MOTEURS V 12

À l'origine, les moteurs de 8,12 litres
étaient utilisés par les fabricants
de voitures, plus spécialement par
Lamborghini. Ils sont placés à l'intérieur de la coque principale plutôt
qu'à l'extérieur (voir à droite).

LES MOTEURS HORS-BORD

*Le moteur de certaines vedettes automobiles, appelé alors
hors-bord, est situé à l'extérieur de la coque de façon à laisser
plus de place pour les réparations. Le moteur entier pivote
pour orienter le bateau.*

Manette
d'accélération

Réservoir
d'équilibrage
arrière

L'HÉLICE SUPER-RAPIDE

L'hélice à petites pales tourne à
150 tours/seconde sur un axe long
pour rester immergée. Une petite hélice
particulière, à partir d'un choix de dix
ou plus est utilisée selon les
conditions de la course.

LE POSTE
DE COMMANDES

Le tableau de bord affiche de multiples
cadrans, comprenant le GPS *(Global
Positioning System)*, les niveaux du
moteur, les indicateurs d'équilibrage
et les lumières d'avertissement.

Système d'échappement
des moteurs

LE TRAIN À GRANDE VITESSE

Le train à grande vitesse roule si vite que l'on ne peut qu'apercevoir les gares et les petits villages qui se trouvent sur le parcours. On traverse une grande ville en seulement quelques secondes.

Les premiers trains rapides sont apparus en 1964 au Japon où ils portent le nom de *shinkansen*. L'objectif était de voyager à grande vitesse, en tout confort et en toute sécurité et d'éviter les bouchons sur les routes. D'autres trains de ce type, le TGV ou *Train à Grande Vitesse*, firent leur apparition en France, ainsi que les TVA en Italie, les AVE en Espagne, les ICE en Allemagne, les KTX en Corée et les INTERCITY 125 en Grande-Bretagne (125 cv ou 200 km). Le record de vitesse dans le domaine ferroviaire est détenu par un TGV spécialement modifié pour la rechercher de grande vitesse, qui a été chronométré sur un nouveau réseau de rails près de Tours en France à 515,30 km en mai 1990. (Note de l'éditeur - avril 2007 : un TGV français vient de pulvériser le record mondial de vitesse en atteignant 574,7 keure.)

LE MAGLEV

Les trains à sustentation magnétique ne sont pas en contact avec les rails, mais utilisent les forces magnétiques pour avancer. La vitesse maximum de la navette qui relie l'aéroport et la ville de Shanghaï en Chine est de 430 km.

LES MOTEURS ÉLECTRIQUES

Les trois bogies avant (chariot à deux essieux sur lequel est articulé le châssis d'une locomotive ou d'un wagon) sont munis de moteurs électriques qui créent la force de traction transmise aux essieux de roues.

La cabine du conducteur

Le bloc d'impact

Le système d'accouple-ment automatique

Le système électronique

L'ordinateur

*TGV TRAIN À GRANDE VITESSE
LE TGV ATLANTIQUE, AINSI
NOMMÉ EN RAISON DE LA
RÉGION SITUÉE PRÈS DE
L'OCÉAN ATLANTIQUE QU'IL
DESSERT, CIRCULE À UNE
VITESSE DE 300 KM.*

À *l'intérieur des trains à grande vitesse,
tels que le shinkansen, les passagers
peuvent se détendre en tout confort.
Sur certaines lignes, le train s'incline,
empêchant les passagers d'être projetés
contre les parois dans les courbes un
peu raides du réseau.*

LE PANTOGRAPHE

Ce bras articulé qui agit comme un
essuie-glace exerce un frottement
contre la ligne aérienne pour capter
le courant électrique de 25 000 volts.

Bogie de traction avant

Réservoirs à
refroidissement

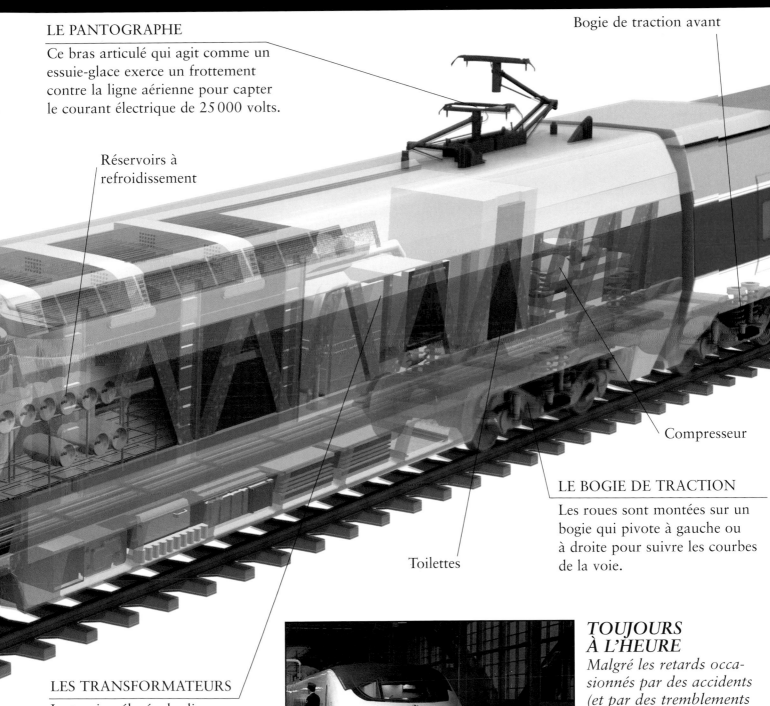

Compresseur

LE BOGIE DE TRACTION

Les roues sont montées sur un
bogie qui pivote à gauche ou
à droite pour suivre les courbes
de la voie.

Toilettes

LES TRANSFORMATEURS

La tension élevée des lignes
aériennes est réduite et transmise au moteur par de gros
transformateurs bien refroidis.

TOUJOURS
À L'HEURE

*Malgré les retards occa-
sionnés par des accidents
(et par des tremblements
de terre !), la moyenne des
retards enregistrés par
le shinkansen n'est que
de six secondes.*

29

GLOSSAIRE

Accélération
Accroissement de la vitesse

Aile aérodynamique
Aile qui produit une force ascendante pour soulever un avion ou une force descendante comme dans les voitures de course.

Aileron
Profil aérodynamique qui affecte l'air circulant par-dessus lui pour créer une force descendante, par exemple, en pressant une voiture de course sur la piste pour une meilleure adhérence.

Aileron
Partie mobile située sur la queue d'un avion qui permet à l'avion de tourner vers la gauche ou vers la droite.

Cage de sécurité
Barres ou entretoises qui forme une cage de sécurité autour d'une personne pour le protéger en cas de retournement du véhicule – soit sur le côté ou sur le toit.

Cheval vapeur (cv)
Unité de puissance, couramment utilisée pour les moteurs et les véhicules de toutes sortes.

Compresseur
Dispositif dans un moteur, entraîné par une courroie, une chaîne ou un engrenage de l'axe principal du moteur, qui pousse l'air à haute pression pour augmenter la puissance.

Couple
Force de rotation, par exemple, celle produite par un moteur.

Cylindre
Dans un moteur, enveloppe qui entoure le piston dans laquelle il coulisse.

Dérive
Surface supérieure plate ou « queue », située habituellement à l'arrière d'un avion, à laquelle est fixée la gouverne.

Empennage horizontal
Petites ailes arrières horizontales, situées habi-tuellement à l'arrière d'un avion, qui portent géné-ralement les gouvernes de profondeur.

Équipe des puits
Équipe de mécaniciens et d'ingénieurs qui travaillent à l'endroit où les voitures de course et les bolides s'arrêtent pour être remplies de carburant, ajustées et réparées.

Fibre de carbone
Matériau léger et très solide fait de minuscules fils ou fibres de carbone. Il peut être plus de deux fois plus rigide que l'acier.

Frein à disque
Système de freinage qui utilise un disque fixé à la roue contre lequel viennent presser les plaquettes fixes.

Friction
Résistance causée par le frottement entre deux surfaces, qui crée toujours de la chaleur.

Gouverne de direction
Volet mobile inclus dans la dérive, situé à l'arrière de l'avion et manœuvré du poste de pilotage pour modifier la direction de l'aéronef (mouvement autour de l'axe de lacet).

Gouverne de profondeur
Partie mobile située sur la queue d'un avion qui lui permet de monter ou de descendre.

Modèle de série
Version standard ou modifiée d'une voiture, d'un avion ou d'un véhicule, achetée directement du manufacturier.

Moteur en V (tel que V8, V10)
Moteur dont les deux rangées de cylindres sont disposés selon un angle formant un V.

Pignon
Roue munie de dents autour de sa jante.

Piston
Solide pièce mobile qui coulisse dans un cylindre et transmet une pression.

Post-combustion
Dispositif assurant l'augmentation de la poussée d'un réacteur par injection de carburant en aval de la turbine.

Poussée
Force importante et continue.

Supersonique
Plus rapide que la vitesse du son, qui n'est pas une mesure standard puisqu'elle varie en fonction du matériau qu'elle traverse. Dans l'air, elle est de 1 200 km.

Turbocompresseur
Compresseur de moteur entraîné par une turbine, actionnée par des gaz d'échappement, qui a pour but d'augmenter la puissance du moteur.

U.R.S.S. (Union des Républiques Socialistes Soviétiques)
Fédération de plusieurs pays, incluant la Russie, dissoute en 1991.

Voiture dynamisée
Voiture reconstruite ou modifiée dans le but d'augmenter sa vitesse et son accélération et de lui donner une apparence sportive.

INDEX

aile aérodynamique 15

avions-espions 22-23

avion-fusée *EZ-Rocket
Plane* 20

avion-fusée X-15 24-25

avions de course
de classe T-6 20

Bombardier B-52 25

Bell X-1 24

Blackbird 22-23

Bluebird 27

Blue Flame 16

British Touring Car 6

Buggatti, Ettore 9

Bugatti Veyron 8-9

burn out 14

Campbell, Donald 27

Campbell, Malcolm 27

Chevrolet Nascar 6-7

Citroën Xsara 11

compétitions aériennes 20,21

compétitions d'avions
fusées 20

compresseur volumétrique 15

courses de dragsters 14-15

courses de catégorie Indy 12

course de motos 18-19

dispositif
de post-combustion 16, 23

Doolittle, Jimmy 21

dragster catégorie
Top Fuel 14-15

Ferrari F1 12-13

Formule 1 (F1) 12-13

freins 8, 9, 12, 16, 19

Funny Cars 14

Gabelich, Gary 16

Gee Bee 20-21

Gordon, Jeff 7

Green, Andy 16-17

Honda 19

Knight, William 25

Lamgorghini 27

Lockheed SR-71 22-23

Loeb, Sébastien 11

maglev 28

Mc Laren F1 9

Mitsubushi Evo 10-11

moteurs électriques 28

moteur en V7 13, 15, 27

moteurs hors-bord 27

motos hyper-sportives 18-19

NASCAR 6

Noble, Richard 17

parachute de freinage 16, 22

Parks, Wally 15

Pratt & Whitney 21, 23

Rallye Paris-Dakar 10

Rossi, Valentino 19

Schumacher, Michael 13

Shinkansen 28-29

Spirit of Australia 26

Stephens, Bob 23

stock-car 6-7

TGV 28-29

Thrust SSC 16-17

trains à grande vitesse 28-29

turboréacteur 17, 23

turbocompresseur 8

vedettes automobiles 26-27

voitures de course 8-9

voitures de rallye 10-11

Walker, Joe 25

Warby, Ken 26

Yeager, Charles 24